ECHANDO CUENTOS DE Venezuela

Un cuento de Ricardo Aranda Falvay
Contado por Ricky Aranda y Becky Aranda

Ilustrado por Jean Carlos Estevez Tarriba

Copyright© 2024: Ricardo Aranda Falvay
Texto / Text © 2024: Ricardo Aranda Falvay.
Ilustraciones / Illustrations © 2024: Jean Carlos Estevez Tarriba.

Todos los derechos reservados.

Este libro o partes del mismo no pueden ser reproducidos de ninguna forma, almacenados en ningún sistema de recuperación, ni transmitidos por ningún medio, ya sea electrónico, mecánico, fotocopia, grabación o de otra manera, sin el permiso por escrito del autor, excepto (en el contexto de reseñas) según lo estipulado por la ley de derechos de autor de los Estados Unidos de América.

All Rights Reserved.

This book or parts thereof may not be reproduced in any form, stored on any retrieval system, or transmitted in any form by any means - electronic, mechanical, photocopy, recording, or otherwise - without the written permission of the author, except (in the context of reviews) as provided by the United States of American copyright law.

Hard Cover ISBN: 979-8-9921651-3-5

Impreso en Estados Unidos / Printed in the USA

A LOS QUE NOS FUIMOS UN ATARDECER,
Y A NUESTROS HIJOS QUE DESEAN CONOCER.

Son millones que se fueron
muchos como papá que partieron.
Comenzaron en otros lugares,
dejando atrás cerros, campos, y mares.

En nuevas tierras empezaron.
En esos lados se quedaron.
Sembrando con sus hijos nuevas raíces
que van siendo ya de esos países.

Quedan cuentos de paisajes,
de música, comidas, y personajes.
Papá nos echa cuentos de su casa,
nosotros crecemos y el tiempo pasa.

Escuchamos curiosos sus historias,
sus recuerdos haciéndose memorias
y parece justo ahora compartirlo
con tantos niños que quieran oírlo.

Papá siempre nos cuenta de su hermosa Venezuela
y de lo que allí aprendió en la calle y en la escuela.

De sus incomparables paisajes
y sus hermosos lugares,
de sus selvas, sus montañas,
sus desiertos y sus mares.

Según él, las playas son azules
y la arena es blanca e infinita,
así sea en Morrocoy, en Choroní,
Los Roques, o Margarita.

Hay unas cordilleras
que empiezan desde el mar,
decoran las ciudades
y en la más alta suele nevar.

Está el Salto Ángel,
los tepuyes y los llanos,
araguaneyes y orquídeas,
símbolos patrios venezolanos.

Cuando habla de ciudades, se despierta un sentimiento
que no alcanza con un libro, ya serán pa' otros cuentos.

Empezamos por Caracas
con su hotel en las estrellas,
su Ávila y sus parques
la capital de plazas bellas.

Cuando vas a Maracaibo
ves palafitos y su puente,
con su lago, el Catatumbo
su música y su gente.

En el centro está Valencia
con su campo legendario,
históricos teatros y palacios
y toninas en su acuario.

Esta Mérida y sus picos,
sus capillas y senderos,
la Venezuela de antier
y el parque Los Aleros.

En lo que habla de comida, dice que es única en el mundo
y los que intentan replicarla siempre quedan de segundo.

En las mañanas no faltaba
un café y un cachito,
y endulzarse la jornada
con un golfeado y su quesito.

Conocemos sus arepas
Reina, Pelu'a, o de Diablitos,
sus empanadas y cachapas,
aunque tequeños son los favoritos.

Nos describe las recetas
de un tal perro calentero,
silba el canto del helado
y nos cuenta del chichero.

Nos parecen acertijos
no entendemos hasta ahorita
cuando habla de lechosa,
cambur, patilla, o parchita.

Papá cuenta de ritmos y de canciones bien variadas
con su cuatro él nos toca joropos, pasajes, y tonadas.

Nos canta de terneros
y de vacas mariposas,
de burritos sabaneros,
flores y mujeres preciosas.

De pajarillos y caimanes,
camaritas que avisar,
de una pulga y un piojo
que se quieren ya casar.

De ciudades y sus techos,
de un papagayo tricolor,
de sus lunas y luceros
y sus bailes de folklore.

Por sus canciones conocemos
del llanero y su pasión,
que el que deja la sabana
lleva el cuatro en el corazón.

El país parece parque con todos sus animales
con roedores y reptiles, y su variedad de marsupiales

De los Andes a los llanos
donde el gallo los levanta
persigue el cunaguaro
a la lapa y a la danta.

Se encuentran cachicamos
y chigüires a menudo,
los picures son pequeños
y el morrocoy es conchudo.

Si adentras a la selva,
revisa bien los planes
aléjate de cuaimas
mapanares y caimanes.

Olerás al mapurite,
observarás la guacharaca,
escucha el araguato
que su aullido se destaca.

Papá en casa insiste que la música es importante
Así que nos explica de dónde son los cantantes.

Está el tocayo que nos canta
de la cima y su grandeza,
de enamorados que se extrañan
en la pequeña Venecia.

Desde el norte hasta el sur
de donde nace el viento
se ven por esas calles
extranjeros con talento.

También está el cuatrista
con el que goza un puyero
cantando sus guarachas,
tonadas y boleros.

Hay tantas bandas chéveres
que parecen increíbles
porque dicen ser amigos,
pero también son invisibles.

Para aprendernos su dialecto y todo aquel vocabulario,
haría falta incluir en este cuento un glosario

Pa'l origen de palabras
se nos hace necesario,
recurrir a ese experto,
el que tiene un diccionario.

Nos explica qué es coroto,
qué son los macundales,
de dónde es el perol,
y todos son iguales.

Papá nos pide algo
y hasta él se equivoca,
apunta a alguna vaina
con muecas en la boca.

La palabras cuando hablan
es mejor verlas escritas,
nos explica aquella chica
la que escribe comiquitas.

Como hablan apura'o
no pronuncian ciertas letras,
"mojca" es con jota
y "picsa" es sin zeta.

"dijistes" acaba en ese
se comen to'as las Ds,
la carne la "ejmechan"
y los "de" son solo e'.

Si de chistes se trata
nos parece importante
acudir a los famosos,
a nuestros comediantes.

Tienen sus palabras
nojombre y na'guará,
cónchale y nojuegue
y también ecolecuá.

El popcorn es cotufa
y toman con pitillo,
lasaña es pasticho,
pasapalo es bocadillo.

Resulta complicado
aprender las expresiones,
pa' eso está un gringo
que le explica a millones.

Echan tierra, echan perros
echan carro, echan ganas,
echan pichón, se echan palos
los fines de semanas.

Se bajan de la mula
si se caen de la mata,
empieza el zaperoco
por quizas meter la pata.

Para hablar como sifrinos
del Country o Altamira,
seguimos a unos locos
un chamo y la catira.

En paseos nos enseñan
de chinchorros y chancletas,
apoyando al turismo
por tepuyes y mesetas.

Toman en totumas,
viajan en curiaras,
seguro que les cuesta
un ojo e' la cara.

Pa' groserias hay un show
que no nos dejan ver,
dónde traen invitados
y se ponen a beber.

Parece una taguara
bebiendo guarapita,
cuentan unos chismes
y se armó la guachafita.

Se prende el bochinche,
quedan bien rasca'os,
se mueren de la risa
hasta quedar enratona'os.

Sin duda lo que más nos gusta es cuando habla de la gente
qué cordiales y gentiles siempre están presentes.

Los chamitos son alegres
con su trompo o perinola,
jugando a la ere en el parque
o chutando una bola.

Cuando crecen son rumberos,
rocheleros, aunque panas,
con su espíritu alegre
y su calidad humana.

Los adultos son ejemplo, optimistas, resilientes, valoran el trabajo, la familia y el ambiente.

Los viejitos son imagen de la fé y de esperanza, con su historia y cultura comparten enseñanzas.

Papa extraña sus navidades y pasarlo en familia,
bailando, comiendo, y riendo hasta altas horas en vigilia.

Escuchando aguinaldos, villancicos, y parrandas. Bailando alguna gaita tocado por la banda.

Quisiéramos nosotros pasar la navidades patinando por la cuadras con nuestras nuevas amistades.

Cenan en familia
hallaca y pan de jamón,
ensalada de gallina
y de postre hay turrón.

Las fiestas de Año Nuevo
para él son especiales
con sus uvas, sus maletas,
y sus fuegos artificiales.

Papá se emociona cuando habla de volver
y de todos los lugares que nos llevaría a conocer.

Imaginamos esa visita,
andaríamos contentos
conociendo de su arte
su cultura y monumentos.

Conoceríamos su historia
visitando el Panteón.
Pasearíamos las calles
donde empezó a soñar Simón.

Disfrutaríamos su música
desde El Callao hasta Ocumare,
contemplando las montañas
de la Pastora hasta Petare.

Apoyaríamos el deporte
comiendo papita, maní y tostón,
celebrando grandes ligas
que la sacan de jonrón.

Conoceríamos la familia,
nuestro origen, nuestra raíz,
y entenderíamos por qué papá
nos cuenta tanto del país.

Así cuando seamos grandes
recordaríamos a la abuela,
que orgullosa nos echaba
sus cuentos de Venezuela.

Sobre el Autor

Ricardo es un venezolano que emigró pero llevó consigo la esencia de su país.

Con el tiempo, formó en el extranjero una familia junto a su esposa y sus dos hijos, Ricky y Becky.

Inspirado por su experiencia como padre de niños multiculturales y bilingües, escribió su primer libro, "The Things Kids Say Growing Up Bilingüe", donde explora los beneficios de haber criado sus hijos en un mundo multicultural.

Aunque viva lejos, Ricardo sueña con volver y sobre todo poder llevar a sus hijos a conocer. Mientras tanto, mantiene viva la conexión con su tierra a través de historias llenas de lindos recuerdos.

"Echando Cuentos de Venezuela" es una celebración de esos recuerdos, un viaje por la imaginación de aquellos que aún no han conocido, y un homenaje a quienes, como él, nunca dejan de llevar a Venezuela en el corazón.

@growingup.bilingue

Sobre el Ilustrador

@art_doot
jeancarlosestevez7@gmail.com

Jean Carlos es un talentoso artista venezolano originario del estado Táchira, especializado en la creación de ilustraciones para libros de cuentos infantiles. Su versatilidad lo ha llevado a explorar diversos estilos y formatos, incluyendo pixel art para videojuegos, así como ilustraciones en otros géneros artísticos.

Su obra se caracteriza por una fusión única de estilos que abarca desde el clásico cartoon, pasando por el pixel art, hasta el cómic y la estética de la animación japonesa.

Apasionado por el aprendizaje y la evolución constante, Jean Carlos tiene un fuerte interés en la ciencia, la ciencia ficción y la programación. Además, disfruta experimentar con nuevas técnicas y estilos, siempre buscando que su arte trascienda fronteras y alcance nuevos horizontes.

www.ingramcontent.com/pod-product-compliance
Lightning Source LLC
LaVergne TN
LVHW081533070526
838199LV00006B/352